Bärbel Mohr und Dieter M. Hörner

Der Wunschfänger-Engel

Lektorat: Ruth Klingemann
Titelgestaltung: Roland Rocke unter Verwendung einer Illustration von Stefan Stutz
Layout und Satz: Kurt Liebig

Edition Sternenprinz im Hans-Nietsch-Verlag
Am Himmelreich 7 · 79312 Emmendingen
Internet: www. sternenprinz.de; www.nietsch.de
E-Mail: sternenprinz@sternenprinz.de; info@nietsch.de

ISBN 978-3-934647-62-6

Bärbel Mohr und Dieter M. Hörner

Der Wunschfänger-Engel

Eine himmlische Geschichte zu den „Bestellungen beim Universum"

Illustrationen
von Stefan Stutz

Die kleine Karla und ihr Bruder Robert saßen in ihren Betten und konnten nicht einschlafen. Die beiden grübelten darüber nach, warum manche ihrer Wünsche wie durch Zauberhand wahr wurden, während sich andere überhaupt nicht erfüllten.

Karla hatte sich beispielsweise gewünscht, im Sport eine bessere Note zu bekommen, weil sie bisher immer die Letzte gewesen war. Sie war ein wenig schwerfällig und nicht so wendig wie ihre Klassenkameradinnen. Kurz darauf hatte die Schule überraschend Schwimmen als Wahlsportfach eingeführt. Das war die einzige Sportart, in der Karla richtig gut war, weil sie eine gute Wasserlage und viel Kraft hatte. Es war wunderbar für Karla gewesen, plötzlich nicht mehr die

Letzte zu sein, sondern den meisten davonschwimmen zu können.

Bei dem Wunsch, dass ihre Mutter nicht mehr so oft ihren Schreibtisch für sie aufräumen würde, hatte sie bisher aber auf Granit gebissen. Es war Karla unangenehm, wenn sie nach der Aufräumaktion ihrer Mutter nichts mehr fand. Und eigentlich wollte sie lieber selbst aufräumen. Nur vergaß sie das immer.

Robert erging es ganz ähnlich. Seine Klasse hatte im Fußball keine Chance gegen die Parallelklassen. Es war wirklich zum Verzweifeln. Aber als er sich gewünscht hatte, mal in einem Feuerwehrauto mitfahren zu dürfen, hatten er und Papa bei einem Straßenfest überraschend einen Feuerwehrmann kennen gelernt, und dieser hatte Robert letzte Woche seinen großen Wunsch

erfüllt. Es war einfach riesig gewesen!

Nun überlegten Karla und Robert, wie es sein konnte, dass manche Wünsche sich von völlig unerwarteter Seite erfüllten und andere, die gar nicht so schwierig aussahen, einfach unerfüllt blieben. Dafür musste es doch einen Grund geben.

Die Kinder rätselten noch eine ganze Weile leise flüsternd in ihren Betten, bis ihnen schließlich die Augen zufielen.

„Warum nur, warum?“, murmelte Karla schon halb im Schlaf.

„Hallo, hier bin ich!“, hörte sie plötzlich eine Stimme. Karla setzte sich überrascht in ihrem Bett auf. Sie war wieder hellwach. Das hatte sich nicht nach Robert angehört.

„Nein, hier bin ich doch“, wiederholte die Stimme.

Karla sah sich suchend um, bis sie ein kleines Licht oben an der Zimmerdecke bemerkte. Und in diesem Licht – sie traute ihren Augen kaum – saß ein kleiner Engel auf einer Wolke und winkte ihr zu. Dem Aussehen nach zu urteilen war es ein richtig schelmischer Engel.

Atemlos fragte Karla: „Wer bist du denn?“

„Ich bin dein Wunschfänger-Engel“, sagte der Engel stolz.

„Mein was? So etwas gibt es doch gar nicht.“ Karlas Verstand fing sofort an zu zweifeln, denn von

einem Wunschfänger-Engel hatte ihr Lehrer in der Schule bisher nichts erzählt. Also gab es sicherlich auch keinen, befand sie.

„Dein Lehrer hat auch so einen Wunschfänger-Engel“, unterbrach der kleine Engel ihre Gedanken.

„Pech für ihn, wenn er das nicht weiß. Vielleicht würden sich mehr seiner Wünsche erfüllen, wenn er endlich einmal mit seinem Engel Kontakt aufnehmen würde."

„Ach, hat denn jeder so einen Wunschfänger-Engel?" Karla war nun doch neugierig geworden, und ohne die Antwort abzuwarten, fragte sie hoffnungsvoll: „Kannst du mir denn erklären, warum manche meiner Wünsche gleich in Erfüllung gehen und andere gar nicht?"

„Na klar, deswegen bin ich ja gekommen. Gib mir deine Hand, dann zeige ich dir, wie das alles funktioniert."

Der kleine Engel schien auf einmal größer zu werden. Oder wurde Karla vielleicht kleiner? Jedenfalls konnte sie die Hand des Engels ergreifen und saß nun neben ihm auf seiner Wolke.

Und ehe sie es sich versah, befand sich die Wolke weit über der Erde und Karla und der Engel konnten gemeinsam von hoch oben am Sternenhimmel nach unten schauen.

Obwohl es Nacht war, schimmerte alles um sie her hell und silbrig, denn neben und über und unter ihnen gab es ganz viele kleine weiße Wölkchen mit ähnlich frech aussehenden Engelchen darauf wie das von Karla.

„Wuschhhhhhh“, hörte Karla auf einmal und ein Engelchen sauste den Himmel hoch. Es hing an etwas dran, das aussah wie eine Kanonenkugel im Netz. Im Schlepptau von diesem Etwas brauste das Engelchen in Sekundenschnelle an ihnen vorbei.

„Das war ein besonders starker Wunsch“, sagte Karlas Engelchen. Dann fiel ihm ein, dass Karla ja noch gar nichts wusste, und es begann zu erklären: „Das ist so: Immer, wenn jemand auf der Erde sich etwas wünscht, dann fliegt dieser Wunsch zu uns hinauf in den Himmel. Und hat er genug Kraft, bis zu unseren Wolken zu gelangen,

fangen wir ihn mit unserem Wunschfangnetz ein. Ist er zu schwach, fällt er wieder auf die Erde zurück, weil wir ihn mit unseren Netzen nicht erreichen können."

Karla fiel ein, dass auch neben ihrem Engelchen ein solches Netz lag. Sie hatte sich schon gewundert,

wozu ein Engel ein Schmetterlingsnetz braucht, aber offenbar handelte es sich um etwas weit Bedeutsameres, nämlich ein Wunschfangnetz.

Karla musste an ihre und Roberts Wünsche denken und wollte natürlich mehr darüber wissen: „Warum fallen denn manche Wünsche wieder zurück? Was hat der Absender da falsch gemacht?“

„Wahrscheinlich hat derjenige dann nur einen Angstwunsch abgeschickt und keinen Herzenswunsch. Nur echte Herzenswünsche haben die Kraft, bis hinauf in die Wolken zu fliegen. Und besonders starke Herzenswünsche von sehr liebevollen Menschen, die können auch schon mal so viel Kraft haben, dass der Wunschfänger-Engel sie nicht gleich halten kann, so wie du es gerade gesehen hast.“

„Aber was ist denn ein Angstwunsch?“, wollte Karla wissen. Sie konnte sich gar nichts darunter vorstellen.

„Eigentlich alle Wünsche, die nicht aus dem Herzen und aus der Liebe kommen oder die nicht aus Freude gewünscht werden. Dein Wunsch, die Mutter solle nicht deinen Schreibtisch aufräumen, kommt aus der Angst, dass du wieder etwas nicht finden kannst und dann

geschimpft wirst, oder du hast Angst, dass deine Mutter wieder schneller ist als du selbst. Und dann räumt sie seltsamerweise immer genau dann den Schreibtisch auf, wenn du gerade beschlossen hast, es selbst zu tun."

Karla runzelte die Stirn. Das wäre doch gelacht, wenn sie nicht auch herausfände, wie ihr Schreibtischwunsch als Herzenswunsch aussehen würde.

„Wenn ich diesen Wunsch nun hätte, weil ich meiner Mutter Arbeit ersparen möchte oder weil ich es schön fände, meinen Schreibtisch zumindest so ordentlich zu halten, dass nichts darauf verloren geht? Oder wenn ich den Wunsch hätte, weil ich dankbar bin, dass ich so einen besonders schönen bunten Schreibtisch habe, und deshalb gerne möchte, dass er immer hübsch aussieht, wäre das dann ein Herzenswunsch?"

„Das hört sich ganz so an", grinste das Engelchen.

„Was würde passieren, wenn ich den Wunsch so abschicken würde?" Karla war gespannt wie ein Flitzebogen.

„Dann könnten wir ihn mit unseren Wunschfangnetzen fangen und wir könnten dir einen inneren Schubs zum Aufräumen geben, immer kurz bevor deine Mutter wieder daran denkt. Und deine Mutter würde sich wundern, dass du wie durch Zauberei immer genau dann beim Aufräumen bist, wenn sie gerade kommen wollte, um es für dich zu tun ..."

Karla musste nun auch vergnügt grinsen bei der Vorstellung. Das wollte sie unbedingt ausprobieren, wenn sie wieder zu Hause war. Der neue Wunsch würde ganz sicher nicht mehr aus Angst abgeschickt werden.

„Aber den Wunsch mit der besseren Sportnote habt ihr mir schon erfüllt“, grübelte Karla. „Obwohl ich da auch Angst hatte, wieder die Letzte zu sein.“

„Ein Wunsch ist nicht immer das, was er von außen betrachtet zu sein scheint. In deinem Herzen wolltest du wirklich dein Bestes geben und du hattest trotz schlechter Noten Freude an der Bewegung. Dein Herz war ganz eindeutig mit dabei bei diesem Wunsch. Und das mit der Freude zusammen hat dem Wunsch genug Kraft gegeben, uns zu erreichen. So konnten wir dem Rektor deiner Schule die Idee eingeben, dass die Schüler Schwimmunterricht bekommen sollten."

Karla war ein wenig verwirrt. So ganz klar war ihr nicht, wann ein Wunsch ein Herzenswunsch war und wann er ein Angstwunsch war. Darüber würde sie noch öfter nachdenken müssen, bis sie den Unterschied ganz verstand.

„Wie geht es denn weiter, wenn ihr einen Wunsch eingefangen habt?", wollte Karla als nächstes wissen.

„Dann laufen wir sofort damit ins Lager, holen das Gewünschte und lassen es von einem Verpackungsengel besonders schön verpacken. Danach bringt der Verpackungsengel das Wunschpaket zum Pförtner der Auslieferungsabteilung. Der misst die Energiepunkte des Wunschpaketes. Komm, ich zeige es dir."

Das Engelchen, das übrigens ein weibliches Engelchen war und Charly hieß, nahm Karla an der Hand und lief mit ihr ins Lager. Es hatte einen frisch eingefangenen Wunsch dabei und holte ein dazu passendes Wunschpaket, das ein geheimnisvoll schimmerndes Licht enthielt, aus einem Regal.

„Am Aussehen des Paketinhaltes kann man gleich erkennen, dass es sich um einen besonderen Wunsch handelt. Der kleine Fabian, der den Wunsch losgeschickt hat, hat sich nämlich keine Sache gewünscht, sondern ein Gefühl. Er möchte sich anerkannt und geschätzt fühlen", erklärte das Engelchen. „Mal sehen, wer uns das Wunschpaket besonders schön einwickeln könnte."

Der Blick des Wunschfänger-Engelchens fiel auf den kleinen Verpackungsengel Egon, und weil es ihn so mochte, gab es ihm gleich einen Kuss. Der kleine Engel Egon war so verzückt, dass er zu taumeln anfing und lauter Sternchen sah. Aber dann band er tatsächlich eine ganz besonders schöne Schleife um das Paket.

Immer noch ein wenig taumelnd machte er sich damit auf den Weg zum Pförtner der Auslieferungsabteilung. Charly und Karla zogen kichernd hinter ihm her. Der Pförtner war ein sehr gewichtig dreinblickender Engel. Er legte das Paket auf seinen Tisch und tastete es mit einem speziellen Messgerät ab. „Hhhhm, hhhm", grübelte er. „Das sieht nicht gut aus. 140 Punkte sind zu viel."

„Was meint er denn damit?", fragte Karla schüchtern an Charly gewandt.

„Das sind die Energiepunkte des Wunschpaketes. Der kleine Fabian,

der es sich gewünscht hat, hat im Moment in dieser speziellen Angelegenheit aber leider nur 100 Energiepunkte, und wenn sein Wunschpaket mehr Energie hat als er selbst, dann können wir es nicht ausliefern!"

„Warum denn nicht?" Karla war erstaunt.

„Weil er die Auslieferung ständig verpassen würde. So wie du, wenn du immer einen Augenblick zu spät daran denkst, deinen Schreibtisch aufzuräumen. Wir hätten es dir bisher so oft zuflüstern können wie wir wollten, aber weil du noch mehr im Gefühl der Angst als in der Liebe oder Freude warst, war deine Energie für diesen Wunsch zu niedrig und du hättest uns sowieso nicht rechtzeitig gehört. So ist das mit allen Wünschen. Wenn ihr Menschen zu wenig Energie in eurer

Wunschangelegenheit habt, verpasst ihr ihre Erfüllung."

„Oh, das ist aber traurig. Was kann man denn da machen?"

„Keine Sorge. Egon holt schon Hilfe."

Und tatsächlich war Egon bereits eilig unterwegs in eine andere Abteilung. Es war der Wellness-Bereich für ... Ja, für wen eigentlich? Karla traute ihren Augen kaum. Da saßen schauerlich aussehende Monster in Whirlpools und in der Sauna und amüsierten sich. Und Egon schien noch nicht einmal Angst vor ihnen zu haben.

Charly lachte, als sie sah, wie Karla erschrocken zurückwich. „Sie sehen aus wie Monster, ich weiß.

Aber in Wahrheit ist jedes von ihnen ein wohlmeinender und weiser Entwicklungshelfer, der den Menschen hilft, ihre Punktzahl zu erhöhen. Du musst sie mit dem Herzen ansehen, nicht mit den Augen. Die verraten uns höchstens die halbe Wahrheit."

„Wie macht man das, mit dem Herzen sehen?" Karla konnte sich nichts darunter vorstellen.

„Kennst du nicht die Redensart, dass ein Geschenk von Herzen kommen sollte?"

„Doch, schon.“ „Und wie merkst du, dass ein Geschenk von Herzen kommt?“

Karla überlegte einen Moment. „Bei mir ist es so, dass ich dann mein Herz fühlen kann, während ich das Geschenk aussuche. Es wird mir dabei ganz warm in der Brust und ich freue mich sehr und irgendwie fühle ich mich ganz wohlig.“

Charly freute sich. Karla wusste es ja doch selbst.

„Wie wäre es also, wenn du einen Menschen mit dem Herzen ansehen würdest?“

„Ich würde in meine Brust hineinfühlen und schauen, ob mein Herz sich warm und wohlig anfühlt, wenn ich diesen Menschen ansehe, oder ob es sich zusammenzieht und kühl wird oder ob ich mich sogar ängstlich fühle.“

„Genau!“ Charly war ganz offensichtlich stolz auf Karla. Sie war ein Kind, das noch viel natürliche Weisheit besaß. „Dann sieh doch mal die ‚Monster‘, wie du sie nennst, mit dem Herzen an. Was spürst du?“

„Dass sie mir helfen wollen?“ Karla schaute zweifelnd. Obwohl ihr beim zweiten Blick auf die Monster im Whirlpool auch auffiel, dass sie alle sehr freundliche Augen und für Monster erstaunlich friedfertige Gesichter hatten.

„Die Monster stehen für Probleme, Hindernisse, Sorgen und Zweifel, und sie bringen diese in unser Leben. Wir hier im Himmel betrachten solche Schwierigkeiten einfach als Entwicklungshelfer. Sie sind unsere Freunde, weil sie uns helfen unsere Energiepunkte zu erhöhen“, erklärte Charly, während Egon sich ein Team aus Monstern zusammensuchte, das dem kleinen Fabian helfen sollte, mehr Energiepunkte zu bekommen.

Karla schaute nun wirklich sehr ratlos. „Ich wünschte, ich könnte das verstehen“, sagte sie inbrünstig. Und weil sie ja schon im Himmel war, wurde ihr Wunsch in derselben Sekunde erfüllt …

Karla entdeckte, kaum dass sie den Wunsch ausgesprochen hatte, vor sich eine Raupe, die an einer

Wolke hochkroch. Vor ihren Augen verpuppte sich die Raupe in Blitzgeschwindigkeit. Es ging viel schneller, als das Ganze auf der Erde dauern würde. Die Puppe brauchte auch nur wenige Sekunden, um zur Reife zu gelangen, und Karla konnte bereits ein kleines Loch am oberen Ende entdecken.

Nun zwängte sich der frisch entstandene Schmetterling mit höchster Kraft und Anstrengung durch dieses Loch. Auf einmal ging alles gar nicht mehr so schnell. Die Raupe, die nun ein Schmetterling war, strampelte sich wirklich fürchterlich ab und kam doch nur ganz langsam vorwärts. Karla wollte ihm gerne helfen

und rief: „Warte, lieber Schmetterling. Ich finde eine Schere, dann schneide ich diese blöde Puppe einfach auf für dich und du kannst schnell hinaus.“

Der Schmetterling, von dem immerhin schon der ganze Kopf hinausschaute, drehte sich zu Karla um und zwinkerte ihr fröhlich zu. „Tu das bitte nicht, liebe Karla. Ich sammle nämlich gerade Energiepunkte. Und wenn du mir die Puppe aufschneidest, muss ich sterben.“

Karla riss die Augen weit auf. Nicht, weil der Schmetterling sprechen konnte, für was war sie

schließlich im Himmel. Aber warum er sterben sollte, wenn sie ihm half, das verstand sie gar nicht.

„Weißt du“, fuhr der Schmetterling fort, „dieses Problem des Herauszwängens hilft mir zum einen, Energie und neue Muskeln aufzubauen, damit ich nachher auch wirklich fliegen kann. Und außerdem streife ich alle Flüssigkeit von meinen Flügeln ab, während ich mich hier durchkämpfe.

Wenn du die Puppe aufschneidest, dann sind meine Flügel verklebt und meine Muskeln zu schwach und ich muss sterben. Nur mit den Energiepunkten einer Raupe kann man nämlich nicht fliegen!“

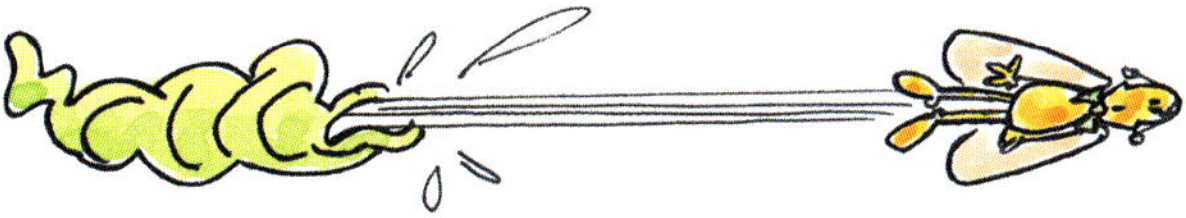

„Ohhh“, Karla war sehr erschrocken bei dieser Vorstellung.

Sie sah vom verpuppten Schmetterling hoch und fand Charly und Egon einträchtig grinsend vor sich stehen.

„Jetzt hast du es verstanden, oder?“, wollte Egon eifrig wissen.

„Was?“ Karla stand noch immer ein bisschen auf der Leitung.

Egon hüpfte ungeduldig von einem Bein aufs andere. „Na, wozu die Probleme da sind!“

Langsam dämmerte es Karla. Doch Charly half ihr noch ein bischen auf die Sprünge: „Die Probleme sind dafür da, dass die Menschen, mit dem bestellten Glück weise

umgehen lernen. Denn das Glück kommt nicht bloß angeflogen, sondern man muss es sich auch erhalten können. Ob es dann um gute Freunde, Familie, Gesundheit, gute Noten, Geld oder was auch immer geht, ist egal. Man muss sich um alle Lieferungen selbst kümmern, wenn man sie erhalten hat, sonst verliert man sie ganz schnell wieder.

Eigentlich kann man es schon am Wort Problem erkennen, dass ein Pro-blem ein guter Freund ist“, fügte Charly noch an. „Weil nämlich ‚pro‘ ‚für‘ heißt. Wenn es gegen dich wäre, hieße es Contra-blem.“

So hatte Karla das bisher noch nie gesehen.

Aber die neue Sichtweise gefiel ihr. In Zukunft wollte sie Probleme und enge Schlupflöcher auch zum Energiesammeln nutzen wie die Raupe, die nachher fliegen konnte.

Da nun die Sache mit den Problem- und Hindernismonstern für Karla geklärt war, gingen Charly und Egon mit ihr zurück zu Charlys Wolke. Sie wollten sich von dort gemeinsam ansehen, wie die Geschichte mit dem kleinen Fabian weiterging.

Kaum waren sie auf der Wolke angekommen, wurden wie im Zoom die Erde, eine Stadt und dann der kleine Fabian sichtbar. Er spielte gerade Basketball mit einer Gruppe von größeren Jungen.

„Hier ist schon sein Pro-blem, das die Monster ihm geschickt haben", erklärte Charly Karla die Situation.

„Weil die anderen Jungen, die sie ihm heute zum Spielen geschickt haben, größer sind, können sie schneller rennen, kommen leichter an den Ball und können auch leichter Körbe werfen. Fabian ist traurig darüber. Und in solchen Situationen spielt er oft gar nicht mehr richtig mit. Auch heute drückt er sich nur noch beleidigt am Rand herum. Er schmollt und verdirbt den anderen den Spaß. Wenn er das tut, verliert er aber weitere Energiepunkte."

„Der Arme!" Karla war sofort voller Mitgefühl. Das war ja wirklich eine blöde Situation. „Was soll er denn auch sonst tun?"

„Er könnte trotzdem so gut mitspielen, wie es geht, und wenigstens versuchen, den anderen das

Spiel nicht auch zu verleiden. Oder er könnte ihnen sagen, dass es ihm so keinen Spaß macht, und sie fragen, ob sie eine Lösung dafür wüssten. Vielleicht könnte er tatsächlich aufhören und einfach zugucken und es wäre für alle in Ordnung, wenn Fabian nicht mehr mit Schmollgesicht am Rand herumschleicht, sondern stattdessen seine Mannschaft von außen anfeuert. Oder die anderen würden sich einigen, ihm öfter den Ball zuzuwerfen, auch wenn sie dann vielleicht weniger Körbe werfen. Sie könnten sich einfach entscheiden, dass es wichtiger ist, wenn alle im Team Spaß am Spiel haben."

„Ohh", machte Karla, „aber ob sie das machen werden?"

Egon freute sich und sang: „Ich bin heute der Lieferbote, ich bin heute der Lieferbote!"

Karla wunderte sich: „Ich dachte, du gehörst ins Lager?“

„Das ist egal, das ist egal“, sang Egon weiter. „Bei uns darf jeder alles machen und ich liefere heute. Tu, tu, tut, hurra! Das macht am meisten Spaß!“

„Das ist so“, stoppte Charly ihn, „dein persönlicher Wunschfänger-Engel hat stets die Aufsicht über alles, was mit deinem Wunsch zusammenhängt. Aber weil wir wollen, dass alle mal die schönen Aufgaben durchführen dürfen, wechseln wir uns beim Liefern immer wieder ab. Das bringt mich übrigens auf eine Idee, Egon. Lass Karla doch mal bei der Punkteerhöhung und Wunschauslieferung für Fabian helfen ..."

„Das ist gemein!" Egon warf sich auf den Boden der Wolke und saß nun genauso beleidigt da wie der kleine Fabian unten auf der Erde am Spielfeldrand. Charly stupste Karla

in die Seite und zwinkerte ihr heftig zu. Karla holte tief Luft und überlegte blitzschnell, was sie bisher alles gelernt hatte. Hier war offenbar ein Pro-blem oder ein zu bewältigendes Hindernis für sie. Sie wollte es sofort neu angehen und setzte sich zu Egon: „Lieber Egon, wenn du gerne Fabian helfen möchtest, dann lasse ich auf jeden Fall dir den Vortritt. Aber wenn du mir zeigen würdest, wie es geht, dann wäre ich dir auf ewig dankbar. Du kannst es ja schon und ich habe noch gar keine Ahnung."

Wuschhh, so schnell wie ein kraftvoller Herzenswunsch kam Egon wieder hoch. Karla hatte genau den richtigen Ton getroffen. Egon griff nach Karlas Hand, hielt sie ganz fest und überschlug sich fast vor Eifer bei seiner wichtigen Aufgabe, einer

Anfängerin das Wünsche-Ausliefern zu erklären.

„Also pass auf“, sagte er höchst konzentriert mit gewichtiger Stimme. „Du musst dich ganz in Fabian einfühlen. Beobachte jede seiner Bewegungen genau und stell dir vor, du wärst er. Wie würdest du dich dann fühlen? Wenn du glaubst, du kannst sein Gefühl ganz mitfühlen, dann schickst du ihm einen klaren und deutlichen Gedanken mit einem Tipp, was er tun könnte. Es ist ein Vorschlag. Ob er ihn annimmt, entscheidet immer noch er selbst. Aber je mehr Liebe und Verständnis du für ihn empfindest, desto höher ist die Chance, dass er sich gerne von dir helfen lässt."

Nun wurde Karla auch ganz aufgeregt. Du lieber Himmel, was für eine schwierige Aufgabe, sich ganz in einen fremden Jungen einzufühlen. Aber weil Egon ihre Hand so fest quetschte und ganz fest mithalf, gelang es ihr. Auf einmal fühlte sie sich genauso hilflos und minderwertig wie der kleine, beleidigt dasitzende Fabian.

Karla dachte an alles, was Charly ihr zu Fabians Möglichkeiten gesagt hatte, und sandte es ihm aus ihrem Herzen heraus. Und siehe da, kaum hatte sie den Gedanken abgeschickt, wurde Fabian unruhig. Für einen Augenblick wirkte er unentschlossen, so als würde er denken: „Soll ich oder soll ich nicht?“ Dann stand er auf und bat die anderen um eine kurze Pause. Er würde gerne einen Vorschlag machen, sagte er …

Karla war überglücklich und tanzte vor lauter Freude einen wilden Tanz mit Egon über die Wolke.

„Bekommt Fabian nun mehr Energiepunkte?“, fragte sie Charly, als sie atemlos wieder vor ihr zum Stehen kam.

„Auf jeden Fall. Egal wie die anderen reagieren. Allein dadurch, dass Fabian sich Mühe gibt, das Beste aus der Situation zu machen, erhöhen sich seine Energiepunkte.

Er hat bereits jetzt ein Stück Angst verloren und die Verantwortung für sich selbst übernommen, obwohl er sich noch ein bisschen unsicher dabei vorkommt. Wenn er das nun immer öfter tut, wird er innerlich jeden Tag stärker und damit auch stark genug, uns immer wieder zu hören, wenn wir sein Wunschpaket übergeben möchten. Wenn man nämlich nur schmollt und sich schwach fühlt, dann überhört und übersieht man einfach immer den Wunschfänger-Engel und die Wünsche können sich nicht erfüllen."

„Was ist mit den anderen Kindern? Würden sie auch mehr Energiepunkte bekommen, wenn sie den Kleinen mitspielen lassen, obwohl sie dann wahrscheinlich verlieren?"

„Ja, haufenweise", bestätigte Charly. „Es wäre das Beste, was sie für

sich selbst tun könnten. Sie würden viel mehr gewinnen als nur das Basketballspiel. Wenn sie nur meckern und jammern, wie sehr der Kleine sie stört, dann werden auch sie immer schwächer und verlieren immer mehr Energiepunkte."

„Schade, dass sie das nicht wissen", bedauerte Karla.

„Jeder Mensch weiß es, wenn er sein Herz fragt. Nur der Kopf hat meistens keine Ahnung. Du hast vorhin auch gewusst, wie man mit dem Herzen sieht, obwohl du erst dachtest, du wüsstest es nicht."

„Das stimmt", musste Karla zugeben. „Eigentlich ist es dann sogar richtig gut, wenn ein paar Probleme und Hindernisse kommen", fügte sie hinzu. „Denn das bedeutet nur, dass man gerade dabei ist, richtig stark zu werden, und wahrscheinlich wartet gerade ein besonders großer Wunsch auf die Auslieferung."

„Du hast es begriffen. Man kann mit jedem Problem ein glückliches Leben führen und man kann unglücklich sein, ohne das allerkleinste Problem zu haben. Es gibt haufenweise unglückliche Millionäre mit netten Familien. Aber sie wissen ihr Glück nicht zu würdigen, ihnen fehlt es an Widerständen, die

es zu bewältigen gibt, und am Erfolgserlebnis, wenn man es dann geschafft hat.

Wenn man daher echte Herzenswünsche erfüllt haben möchte und kleine und große Wunder im Alltag erleben möchte, dann sollte man die Probleme des Alltags genauso würdigen wie die Glücksmomente."

„Über die Auslieferung von Angstwünschen würde man sich wahrscheinlich sowieso nicht richtig freuen. Man würde nur in dem Moment ein bisschen weniger Angst empfinden, oder?“, fiel Karla ein.

„Ja genau. Vielleicht ist es auch deswegen so eingerichtet, dass die Angstwünsche gar nicht erst bis zu uns vordringen, sondern der Absender sich alleine um sie kümmern muss.“

„Aber eine weitere Frage habe ich doch.“ Karla war nicht ganz fertig

mit dem Grübeln. „Ein Problem zu lösen ist ja auch anstrengend und manchmal werde ich dabei ganz entmutigt und traurig. Dann wird alles viel schlimmer, weil ich noch mehr Energie verliere. Das ist doch ganz schön harte Arbeit …"

Sie schaute so verzweifelt bei dem Gedanken, dass Charly und Egon sie gleich beide in den Arm nahmen. „Nein, nein, so schlimm ist es nicht", versicherte ihr Egon. „So streng sind wir hier nicht, keine Angst", tröstete sie auch Charly. „Du darfst über jedes Problem auch ordentlich traurig oder besorgt sein und natürlich kann es vorkommen, dass du erst mal ganz schön erschrocken bist. Aber bei jedem Problem und selbst bei der größten Katastrophe kommst du irgendwann an einen Scheideweg, wo du dich entscheiden musst: Will ich wegen einem Problem oder einer Katastrophe mein ganzes Leben zur Katastrophe werden lassen oder finde ich einen Weg, trotzdem die Schönheit im Rest des Lebens zu sehen?“

„Das verstehe ich schon, aber nach harter Arbeit hört es sich doch an“, murmelte Karla immer noch mit gesenktem Kopf.

„Wie schnell lernst du Vokabeln, wenn du eine Vokabelliste nimmst und sie Wort für Wort auswendig lernst?“

Karla antwortete: „Gar nicht schnell. Es geht furchtbar langsam.“

„Und wie schnell lernst du Vokabeln, wenn du einfach beim Spielen mit Kindern aus einem anderen Land neue Wörter hörst? Oder wenn das Lernen von Vokabeln in einem Spiel mit Bildern und Figuren geschieht und du mit anderen Kindern viel Spaß dabei hast?"

Endlich hob Karla den Kopf und nun lachte sie auch bei der Vorstellung: „Dann lerne ich ganz viel und ganz schnell?"

„Eben! Das kannst du dir als goldene Regel merken. Wenn du aus dem Lernen und dem Problemelösen harte Arbeit machst, dann geht es immer langsam. Wenn du einen Weg findest, Spaß dabei zu haben, spielerisch damit umzugehen und am besten noch andere mitspielen zu lassen, dann geht es viel, viel schneller."

Spaß haben beim Probleme lösen. Sie werden geschickt, damit ich stark werde (große Lieferungen

„Dazu muss man aber ganz schön kreativ sein …“, sagte Karla.

„Du musst ja nicht alleine kreativ sein. Sperr deine inneren Ohren auf und hör auf die Ideen, die wir dir aus dem Himmel zuflüstern, dann fällt dir immer was ein!“

Nun freute sich Karla wieder richtig und ihre Augen leuchteten, als sie sagte: „Und deshalb hast du mich heute nacht mit der Wolke abgeholt. Denn alles ist so lustig und fröhlich hier mit dir und Egon, und sogar die Raupe, die ein Schmetterling geworden ist, hat mit mir gesprochen. Weil ich es so nämlich schneller lerne und nie mehr vergesse.“

Charly und Egon sahen sich mit gespielt ernster Miene an und stupsten und kieksten sich dabei heimlich hinter ihrem Rücken. „Was sagst du? Hat sie die Prüfung bestanden oder müssen wir noch einmal von vorne anfangen?“

Schwer zu sagen, schwer zu sagen … Ich stimme dafür, wir geben ihr die Note …“

„Die Note …“ „Die Note …“ Die beiden sahen immer noch gespielt streng und grübelnd Karla an, die vor lauter Anspannung die Luft anhielt. „Die Note eins“, brüllten auf einmal beide Engel los und quietschten und lachten vor Vergnügen über Karlas verblüfftes Gesicht.

„Na wartet“, Karla stürzte sich auf die beiden frechen Engel und es gab auf einmal ein wildes Gerangel auf der Wolke mit viel Lachen, Toben und Kichern.

1

Und Fabian? Was machte der, während oben auf der Wolke seines zuständigen Wunschfänger-Engels gerauft wurde? Er hatte die meisten der großen Jungen schwer beeindruckt mit seinem Mut, offen mit ihnen zu reden. Und genau deshalb konnte auch Fabians Wunschpaket mit dem geheimnisvollen Licht und der großen Schleife ausgeliefert werden. Dazu kam kein Lieferbote an Fabians Tür und klingelte, sondern das geheimnisvolle Licht entfaltete sich in Form einer neuen Möglichkeit:

Einem der Jungen war bei dem Gespräch nämlich plötzlich eingefallen, dass es eine Straße weiter eine andere Basketballmannschaft mit Jungen in Fabians Alter gab. Dort würde er sicher viel erfolgreicher mitspielen können. Der große

Junge war sich außerdem sicher, dass man dort stolz wäre, einen so mutigen Jungen in die Mannschaft aufnehmen zu können. Und so bekam Fabian in nur einem Tag die Anerkennung, die er sich vorher so lange gewünscht hatte.

„Karla? Karla! Wach doch auf! Ich muss dir dringend etwas sagen!"

Verschlafen rieb Karla sich die Augen. Was war denn nun schon wieder los? Und wo war Charly, das Wunschfänger-Engelchen, geblieben?

Sie blinzelte und sah ihren Bruder an ihrem Bett stehen, der hellauf begeistert schien und ihr unbedingt etwas erzählen wollte.

„Karla, ich weiß jetzt, warum manche Wünsche sofort erfüllt werden und andere etwas dauern oder gar nicht erfüllt werden!“

„Weiß ich auch“, grummelte Karla schlaftrunken.

„Gar nichts weißt du“, behauptete Robert. „Das machen nämlich alles die Wunschfänger-Engelchen!“

„Sag ich doch!“, gab Karla freudig zurück, denn offenbar hatte auch ein Wunschfänger-Engelchen mit Robert gesprochen. „Und wenn du mich weiter so schüttelst, verlierst du bestimmt ganz viele Energiepunkte. Man muss nett und freundlich zu seiner Schwester sein, wenn man viele Punkte haben will."

Verdutzt ließ Robert sie los.

„Hast du dasselbe geträumt?"

„Das war doch kein Traum. Ich war echt im Himmel!"

„Es war ein Traum." Robert fühlte sich seiner kleinen Schwester überlegen.

„War es nicht!" Karla war fast den Tränen nah.

Robert schwieg einen Moment. Er dachte an einen seiner Wünsche, für dessen Erfüllung er offenbar noch mehr Energiepunkte brauchte. Schließlich sagte er: „Naja, vielleicht war es bei dir echt. Ich hatte eher das Gefühl, geträumt zu haben. Aber das ist nicht so wichtig. Ich freue mich jedenfalls, dass der Wunschfänger-Engel dir auch Bescheid gesagt hat und wir morgen nach der Schule ausführlich darüber reden können."

Karlas aufkommende Tränen waren sofort wieder weg und sie musste grinsen: „Weißt du was? Ich glaube, letztlich geht es bei allem nur darum, das ganze Leben und alle Menschen so liebevoll wie möglich zu betrachten. Dann ergeben sich wie von selbst immer bessere Lösungen und der Lieferbote kann ganz oft liefern."

Ein Schnellkurs in Wunscherfüllung von Charly und Egon:

- Achte auf deine Wünsche. Kommen sie wirklich aus dem Herzen?

- Heiße das freundliche Pro-blem-Team willkommen und danke ihm dafür, dass es dir die Möglichkeit gibt, deine Energiepunkte zu erhöhen. Es lohnt sich sicher.

- Die Energiepunkte einer Raupe reichen nicht aus, um zu fliegen wie ein Schmetterling. Möchtest du Raupe oder Schmetterling sein?

- Betrachte die Umstände deines Lebens als einen Spiegel deiner inneren Einstellung. Dann verstehst du wirklich, wie du dein Leben am besten ändern kannst – indem du dich selbst änderst!

Bärbel Mohr

Bärbel Mohr war Fotoreporterin, Fotoredakteurin und Grafikerin und legte sich 1995 das Schreiben als Hobby zu. Irgendwann kam sie auf die Idee, ein kleines Büchlein zu schreiben, das sie „Bestellungen beim Universum" nannte. Zunächst nur in kopierter Form in Umlauf gebracht, ist es 1998 bei einem richtigen Verlag gelandet. Bald darauf folgten drei weitere Bücher zum Thema. Die gesamte „Universumsreihe" von Bärbel hat sich bis Ende 2003 zirka 750.000 mal verkauft – was mit Sicherheit kaum jemanden mehr verwundert als die Autorin selbst.

Eines schönen Tages flatterte ihr ein Brieflein ins Haus mit einigen sehr originellen Zeichnungen von einem gewissen Stefan Stutz. Nachdem Bärbel ausgiebig über selbige gelacht hatte, fing sie zu grübeln an, was sich mit diesen niedlichen gezeichneten Engelchen und den frechen kleinen Knilchen wohl anstellen ließe. Bis sie schließlich zum Telefon griff und Dieter M. Hörner anrief …

Näheres über Bärbel, die inzwischen hauptberuflich Mutter von Zwillingen ist, findet man unter *www.baerbelmohr.de*.

Dieter M. Hörner

Dieter M. Hörner hatte bei einer Meditation die Vision und Eingebung zu dieser Geschichte. Ein Engel hat ihm die Sache mit den Angst- und den Herzenswünschen, mit den Entwicklungshelfern und mit den Energiepunkten erklärt. Und deswegen ist es eigentlich Dieters Geschichte.

Da aber Dieter zur Zeit keine Bücher schreibt, sondern die Geschichte auf Seminaren an viele Menschen weitergibt, entstand irgendwann die Idee, dass Bärbel sie ein wenig ausschmückt und erweitert und zu einer schönen Erzählung für ein Buch macht. Das Ergebnis habt ihr vor euch.

Dieters Lieblingsmotto als Trainer lautet: „*Du brauchst keinen Lehrer, der dich beeinflusst, du brauchst einen Lehrer,*

der dich lehrt, dich nicht mehr beeinflussen zu lassen.“

Wer neugierig auf Dieter ist, der findet ihn hier:

www.Positiv-Factory.com
kontakt@positiv-factory.de
Positiv Factory
Institut für Persönlichkeitsbildung
Seefeldstr. 6
83026 Rosenheim
Tel. 08031/6 89 32
Fax: 08031/26 72 52

Vom Trainerpool der Positiv Factory (siehe Homepage) werden auch regelmäßig Seminare für Kinder und Jugendliche angeboten.

Stefan Stutz

Stefan Stutz ist Regieassistent und Illustrator. Sein Lebensmotto lässt sich am besten mit den folgenden Worten der Schriftstellerin Colette beschreiben: „Du wirst Dummheiten machen, aber tue sie mit Begeisterung.“

Eine seiner Ideen aus reiner Begeisterung – und eigentlich gar nicht so dumm – war, ein paar Zeichnungen an die Autorin Bärbel Mohr zu senden. Als diese sich darauf mit dem Vorschlag meldete, ein Bilderbuch über den Wunschfänger-Engel zu machen, bot Stefan an, gegen eine Tüte Gummibärchen mal ein paar Probezeichnungen anzufertigen, und dass sie gut gelungen sind, kann jetzt nicht nur Bärbel, sondern jeder Leser des Wunschfänger-Engels sehen.

Stefan, der früher in der Werbung gearbeitet hat, liebt seine Zeichnungen wie Babys und sagt von sich selbst, dass er manchmal etwas kauzig sei, wenn er meine, sie verteidigen oder schützen zu müssen.

Stefan begann seine Karriere als Illustrator in langweiligen Schulstunden mit Witzzeichnungen von Lehrern, die unter den Tischen herumgereicht wurden.

Erreichen kann man ihn unter:

Stefan Stutz
Rahlstedter Str. 100
22149 Hamburg
040–64 89 23 76
0172–4 31 05 22
stefanstutz@yahoo.de